松浦弥太郎のきほん

Kihon
of
Yataro Matsuura

はじめに

— introduction

五十代も半ばが過ぎて、
日々感じることがあります。

これから先の不安、
そして、得も言われぬさみしさの、
大波小波にもまれています。

そんな自分は大丈夫だろうか。

日々、前向きで、
今日もいつもどおりの暮らしをしているけれど。
何か困っているわけでもないけれど。
仕事だってがんばっているけれど。

心の奥から、
けれど、という文字は消えません。

どうしよう。

そこで僕は思いました。
生き方を変えてみよう、と。
五十代とはそういうものかもしれない。

きっとそういう岐路なのだろう、
新しい生き方を見つけよう、
思い込んでいたしあわせの物差しを見直そう。と。

この本は、
そんなぼくが、
これからどんなふうに新しく生きるのか。
そのために必要なことを、
どんなふうに学び、何を身につけていくのか。
何を考えて、何を思い、何を大切にしていくのか。

こんなふうにあんなふうに、
拾うことと捨てること、

あれやこれや、せっせとのんびり、
考えたり悩んだりのありさまを、
みなさんに見たり読んだりしてもらいたくて、
作りました。

言わば、松浦弥太郎による、
松浦弥太郎のきほんです。

松浦弥太郎

松浦弥太郎のきほん

目次

Kihon of
Yataro Matsuura
—
Contents

introduction
はじめに　〇〇二

prologue
少年　松浦弥太郎　〇一一
・自動車から　はじまった　〇一二
・生きるとは　はたらくこと　〇一六
・やさしさとは　いつもそこにいること　〇二〇
・わからないから　わかっている　〇二三
・忘れなかった母との約束　〇二六

chapter I.

松浦弥太郎の住

○三一
・どんな椅子が ほしいのか ○三二
・嫁入り道具の テーブル ○三七
・台所が 主役だった ○四二
・いただく ささげる ○四八
・まずは 落ち着こう ○五二

chapter II.

松浦弥太郎の衣

○五九
・ニューヨークで出合ったアメリカン・トラッド ○六○
・ピーターさんのダッフルコート ○六五
・車と自分の 身だしなみ ○七○
・ひとつから はじめる ○七六
・ホームスパンの ジャケット ○八一

chapter Ⅲ.

松浦弥太郎の食　〇八七

・おいしかった おままごと　〇八八

・味わいという ひとときを　〇九三

・母が育てる 大根の葉　〇九八

・ラベンダーの はちみつ　一〇二

・どんな後味を 作れるのか　一〇八

chapter Ⅳ.

松浦弥太郎の道具　一一五

・所有しないという ゆたかな生き方　一一六

・もの選びの 考え方　一二二

・これでなければだめな 友だちのようなもの　一二七

・スタイルは 眼鏡から　一三二

・ていねいとは 感謝すること　一三七

chapter V.

松浦弥太郎の旅　一四三
・早起きは三文の徳　一四四
・散歩という旅の習慣　一四九
・老人と漢詩　自由とは何か　一五四
・父からのプレゼント　一六〇
・自分を見つめるために　一六五

P.S.

おわりに　一七〇

装幀＝サイトヲヒデユキ

prologue
—
boyhood

少年

松浦弥太郎

1974
at used car shop

prologue
—
boyhood

自動車から はじまった

保育園の行き帰りや外を歩いているときの楽しみは自動車のナンバープレートを読むことだった。母はナンバープレートを見つけると、そこに書いてあるひらがな一文字を指さして、その読み方をぼくに教えてくれた。

ぼくは読んだことのない新しいひらがなを見つけると嬉しかった。文字をまたひとつ覚えることができるからだ。そのおかげで小学校に入学したときには五十音のほとんどを読むことができた。

自動車に興味を持ったぼくは、そのかたちや色、車種を覚える楽しみを見つけて、トヨタ、日産、マツダなどのエンブレムや車種を示すロゴなどを覚え、小学三年生のときには国産車のほぼすべてが頭に入っていた。その後、スーパーカーブームがやってきて、外車に夢中になり、同じようにあらゆる車種とそのスペックまで覚え、スーパーカーを含む自動車のことなら誰よりも詳しくなった。

毎週日曜日には、自転車に乗って一時間ほどかけて、世田谷の環八沿いの中古車販売店に行き、父から借りたカメラで、珍しいスーパーカーの写真を撮った。撮った写真はアルバムに貼り、自分だけのスーパーカー事典を作った。

その頃、はじめてデザインという言葉を知った。かたちとはデザインであり、デザインとは機能であり、機能とは美しさであることを知り、自動車の魅力は性能だけでなく、デザインによるものが大きく、デザインはさまざまな考え方という概念によって生まれるということに小さな驚きのようなものを感じた。そして、イタリア、フランス、ドイツ、アメリカといった外国のデザインのとてつもないかっこよさとその文化に憧れを抱いた。

字や記号からはじまり、美意識というものをぼくは自動車から学び、そのはじめての「好き」は、今も変わらぬ「好き」としてありつづけている。

1974
at used car shop

prologue
—
boyhood

生きるとは
はたらくこと

わが家は母のはたらきによって支えられていた。

朝、ぼくを保育園に送り届け、みんなは夕方に迎えにくるのだが、ぼくは暗くなって最後のひとりになるまで待っている毎日だった。「もっと早く迎えにきて」と一度だけ言ったことがある。すると母は「はたらかないと生きていけないのよ、がまんして」と言った。わが家は裕福ではないことがわかっていたぼくは、言ってはいけないことを言ったと思って口を閉じた。

保育園の帰りは近所の商店街で夕食のための買い物をし、大根や豆腐といったものをぼくと姉は手伝うようにして持って歩いた。母の買い物は悩むことなく選ぶのでとても早かった。ぼくはいつもすごいなあと感じていた。

家に帰ると、母はエプロンを腰に巻いて台所に立ち、手早く米を炊き、その間

1966
first festival

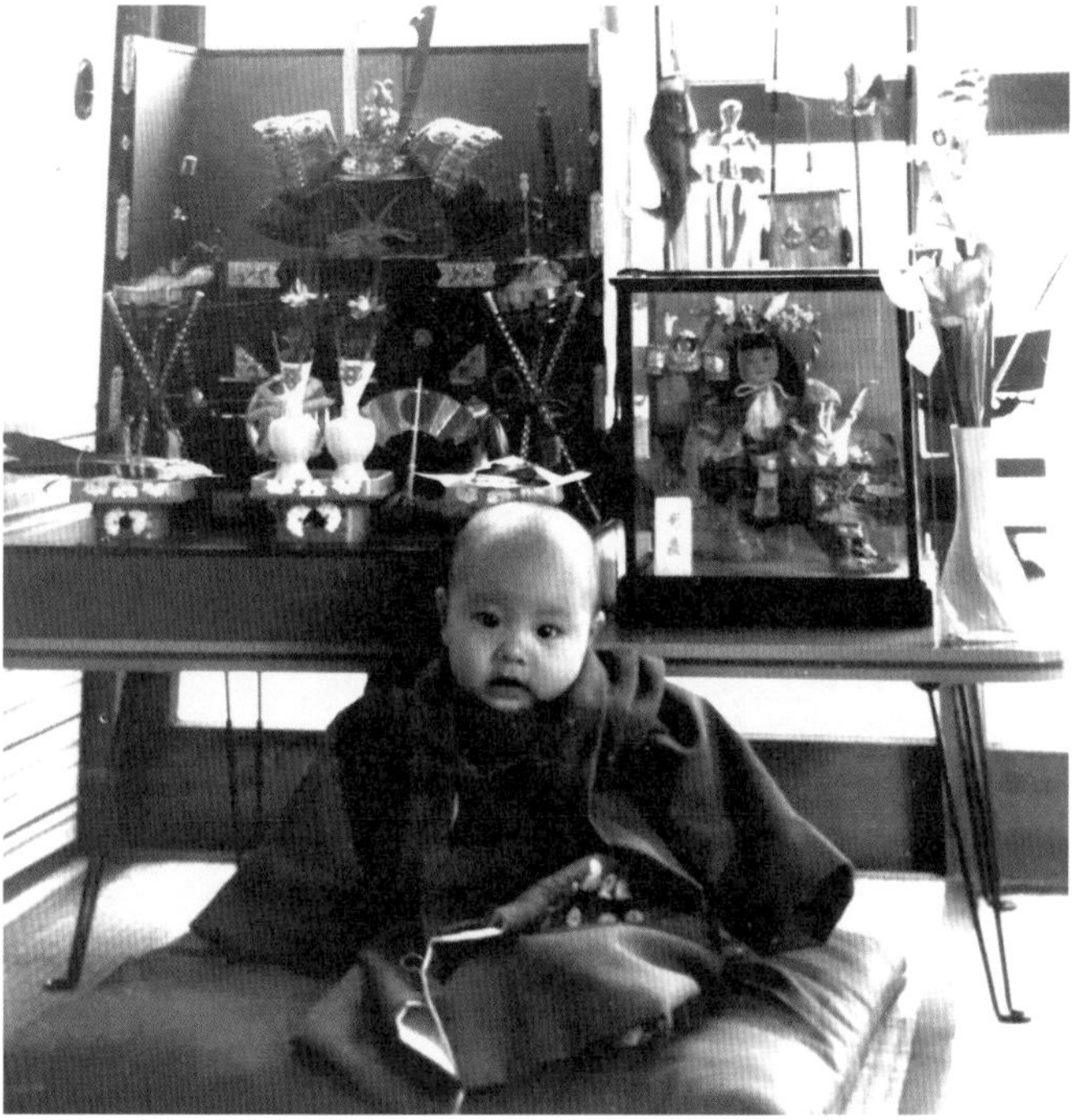

におかずを二品ほど作った。そうこうしている間に父が仕事から帰ってきて、ちゃぶ台の前に座り、母はやっと一息つき、今日あったことをおしゃべりしながら米が炊けるのを待った。「あともう少し。今、蒸らしているから」と言う母の言葉とともに、夕飯というのは、お米が炊けるのを待つものだと覚えている。湯気の上がった炊きたてのごはんの熱さがぼくは苦手だった。

夕飯がすむと母はすぐに洗い物をし、お風呂の支度をした。家族全員で銭湯に行くのが常だった。ぼくは父と、姉は母とそれぞれ男湯と女湯に分かれて入った。洗い場から「そろそろ出るぞー」と父が言うと、壁越しに「はーい」と母が答え、湯上がりのさっぱりした顔でみな一緒に歩いて家路についた。

母は、ぼくと姉が寝床についてからも、裁縫やら家計簿をつけたりと休むことなく家事をしていた。そして誰よりも早く起きて、朝食のための米をまた炊くのであった。ぼくは母が休んでいるところを見たことがなかった。

1968
at the beach with my mother

prologue
—
boyhood

やさしさとは
いつもそこにいること

ずっと忘れたくないもの。それは父のやさしさ。

毎日、目をつむった寝床の中で、父のやさしさを思い出そうとする自分がいる。父はいつもそばにいて、ぼくを見守ってくれた。そうやって、ぼくにさみしさや孤独をひとつも感じさせない人だった。抱きしめることでもなく、ことばでもなく、そこにいてくれること。それが父のやさしさだった。

とはいえ、父のいちばんのやさしさは家族だけではなく、他人にも向けられていた。特にぼくと同い年や、もっと年下の子どもに対しての接し方だった。ぼくにはしてくれない、別の特別なやさしさがあった。

近所の子どもたちを遊園地に連れていったことが幾度かあった。家での留守番を命じられてぼくは気持ちをくさらせた。なぜ自分も連れていってくれないのだ

1962
my father

ろうと思った。あとになって母から、そういうところが父の不器用さでありやさしさだと変に言い聞かされた。

父の言葉でいちばん好きだったのは「大丈夫」という言葉だ。父の「大丈夫」という声と言葉が、ぼくにとって何よりも嬉しいことだった。ぼくに対する父のやさしさはかぎりない安心だった。何があろうとけっして不安を与えないように自分を律し、そのひとつが、いつもそこにいてくれるというやさしさだった。今、毎日のように、やさしさとは何かと考える自分がいる。そのとき必ず父の姿を思い浮かべ、父はどんなふうにやさしかったのかを考えている。

そういうふうに生きるぼくは、父のやさしさによるものだと思っている。父の存在とやさしいまなざしを、ぼくは今でも感じている。

prologue
—
boyhood

わからないから
わかっている

ぼくはひとりの世界に浸るのが好きだった。そんなときは大体、本を開いて、そこに書かれたものがたりや挿絵に夢中になった。本に手を伸ばせば、そこには自分だけの自由な時間と創造の世界がどこまでも広がっているように思えた。

六歳になって最初に買ってもらった本は『エルマーの冒険』だ。ものがたりもそこに描いてある絵も大好きで、エルマーはぼくにとってのヒーローになった。

その頃、どんなふうに読書を楽しんでいたのかと思い返した。ぼくはとばし読みが大得意だった。例えば、学校で本を読む時間があったりすると、誰よりも早く本を読み終えることができて、担任の先生を驚かせた。その時は、叱られると思って、とばし読みをしているとは言えなかったが、担任の先生からは、「やたろうくんは、とばし読みの名人だね」と、すぐに見抜かれた。

しかし、とばし読みをしてはいけないと、一度も叱られたことはなく、「すごいね」と逆にほめられた。

とばし読みとは、わからないところは気にせずに、どんどん読み進むことだ。子どもは何も知らないから、読むもの、見るものが、わからないが普通であって、だからこそ、わからないということは、子ども自身にとっては大した問題ではない。で、わからないものの中から、ほんの少しのわかるものを手がかりにして、子どもならではの直感と洞察力によって、しっかりとおもしろさをつかんで、大人顔負けのものがたりにだって深く入り込んでいくちからがある。

担任の先生はそれをわかっていて、ぼくを見守ってくれたのだろう。

わからないからこそ、大事なことはわかっている。わかりにくい表現だが、それは確かなことだと思う。

大人になった今でも、ぼくはとばし読みの名人だ。

1974
at school trip

prologue
—
boyhood

忘れなかった母との約束

「これがやりたい」「いいわよ」のあとに必ず母が言った言葉があった。それは「好きなように思い切りやりなさい」だった。

何でもやらせてあげるから、とにかく、好きなように思い切りやること。それが母とぼくとの約束だった。「おかあさんは、あなたが思い切り何かをやっているのを見るのが好き」。母はこんなふうにも言った。

そんな母が「それはだめ」とはじめて言ったことがあった。それはぼくが高校を中退し、「アメリカに行きたい」と言ったときだ。

「アメリカに行って、何をしたいの？」と聞かれ、それに答えられず、ただ「行きたい」としか言えなかった。高校を中退し、何もかも、自分の思うとおりにならず、すべてのことが嫌になって、ただ漠然とアメリカという外国に行けば、そ

1969
with my mother and sister

れまで鬱積していたイライラがなくなると思い込んでの動機だった。いうなれば現実からの逃避だ。母はそれを見抜いていたのだろう。ぼくがアメリカに行きたいと思ったのは、やりたいことをしたいのではなく、今の自分の環境から、ただ単に逃げ出したい気持ちでいっぱいだった。

しばらくして、「アメリカのどこに行きたいの？」と母に聞かれ「アメリカならどこでもいい」と答えると、「アメリカは日本の何十倍も広いのよ。せめてアメリカのどこに行くのか決めてからにして。費用はすべて自分で作ること」と言い、そのあとに「行っておいで」と笑った。

そう言われたぼくは、はじめて「アメリカに行く」ということを真剣に考えはじめた。アメリカに行って、好きなように思い切りやるんだと決意した。

十七の夏、何をどんなふうに、好きなように思い切りやるのか。この言葉を考えつづけながら、ぼくは旅に出た。母との約束は忘れなかった。

I. 一 living

松浦弥太郎の住

I.
—
living

どんな椅子がほしいのか

ある日、新聞を片手にコーヒーをすすりながら、「椅子というのは、人類の最も偉大な発明のひとつだと思う」と友人のアレックスはつぶやいた。「どうして?」と聞くと、「人は椅子に座り、休息し、考えたり思ったり、食事をし、語り合い、何かを作ったり、というように、椅子がもたらしてくれる賜物は無限だと思ったからさ」と答えた。

子どもの頃に座っていた小さな椅子。学校の教室で座っていた木とパイプの椅子。自分の家の食卓にあったクッションのついた椅子など、それまでの人生で座ったさまざまな椅子を思い出した。人生にはいつも必ず椅子があった。そして椅子に座って、いつも自分自身と向き合っていた。

それまで椅子のことをそんなふうに考えたことがなかったぼくは、自分はどん

な椅子がほしいのか考えた。

できれば少し古びたのがいい。気心の知れた友だちのような椅子がいい。座れば今日あった嫌なことを忘れて、気持ちがほっとしたり、何かひらめきを感じるような椅子がいい。そして、早く家に帰って座りたいと思えるような椅子があれば、なんてしあわせなんだろう。

なぜこんなことを思い出したのか。あの日あのときサンフランシスコでアレックスと語り合ってから三十年経って、引っ越しをした。

まだ何も置かれていない広いリビングの大きな窓と向き合ったとき、新しい椅子がほしいと思った。これまでいくつもの椅子を使ってきたけれど、新しい椅子ひとつから、新しい暮らしをはじめたい気持ちになったからだ。

どんな椅子がほしいのかを考える。齢五十を過ぎ、もう一度、これからの自分が、どんな人間になりたいのかを考えるのに、いいきっかけになると思った。

嫁入り道具のテーブル

親しくしている写真家の友人から、仕事場の引っ越しをするのだが、これまで使っていた大きな木のテーブルを引き取ってもらえないかという相談があった。

彼の仕事場にあった木のテーブルのことはよく知っていた。山梨にあるギャラリートラックスを作ったインテリアデザイナー、故木村二郎さんの作品だ。彼が言うには、このテーブルは、昭和初期に建てられた小学校の床や柱の木材が使われていて、木村二郎さん自身が気に入って使っていたものだったらしい。

テーブルは余裕たっぷりな四人用サイズで、椅子が四脚あった。天板と脚は、厚さが十五センチから二十センチほどの枕木を思わせるヒノキの無垢材の組み合わせで、長年の使用によって木肌は美しい飴色を見せていた。ところどころに施された仕口がアクセントになっている。

朝起きると、水で濡らして固く絞ったふきんでテーブルを磨くように拭く。大きく手を伸ばして隅から隅まで拭いていると、乾いていた天板が目を覚ますように輝きはじめる。

何より改めて知った木のあたたかさにはほんとうに驚いた。手のひらを置いたときだけでなく、テーブルは部屋の中であたたかさを蓄え、いつだってそのあたたかさで人を迎えてくれている。まさに木は生きている。

「わたしが結婚したらこのテーブルを持っていっていい？」

ある日、テーブルで朝食を食べながら長女が言った。この春、就職したばかりの長女は、いつかの自分の暮らしに思いを馳せたのかもしれない。ぼくはそう思う気持ちがよくわかった。

「たまにテーブルに会いにきてもいいよ」

長女はテーブルにパンくずをたくさんこぼしながら言った。

I.
—
living

台所が主役だった

生まれ育った家は、六畳の和室と、小さな板の間の台所のみ。トイレはあるが風呂はなし。柴田荘という名のアパートの一室だった。父と母、姉とぼくの四人家族で暮らしていた。

朝、目を覚ますと、朝食を作る母の姿が目の前にあり、炊きたてごはんの甘い香りや、玉子焼きや焼き鮭のおいしそうな匂いが部屋いっぱいに広がっている。「いい匂いだなあ、おいしそうだなあ」。声に出さずとも、ぼくは毎日そう思って、大好きなわが家の朝、その日常というしあわせに浸っていた。

夕方、放課後の遊びから、どろんこになって帰ってくると、母は台所で夕飯の支度でてんてこ舞いだ。玄関を開ける前に、「あ、今日は麻婆豆腐だ！」とか、「焼肉だ。やったあ！」と、台所の窓からの匂いにクンクンと鼻を動かし、家に入る

Briardale
ALLSPICE

前に、その日のおかずをぼくは言い当てた。

いい匂い、切ったり焼いたりする料理の音、ふわっとしたあったかい湯気、忙しく料理をする母の姿。たった二部屋しかなかったわが家は、いつだって台所が主役で、台所こそがわが家そのものだった。

そのすぐ横で、出来たての献立を家族全員で囲み、「いただきます」と全員で声を揃えて、「おいしい」「おいしい」と箸をつける食事のひととき。

大人になった今、住まいとはどんなふうに、家とはどんなふうに、暮らしはどんなふうに、と思いをめぐらせると、この頃の記憶が、きらきらとした夢のように、あれこれと瞼の裏に浮かび上がってくる。そのどれもがおいしい光景ばかりだ。

六畳の部屋が、四人家族の食う、寝る、遊ぶ、和む、学ぶなど、すべてをまかなっていた。家族四人よく暮らしていたなと思う節もあるけれど、やせがまんでなく、あの頃に戻れるなら戻りたいと思うくらいだ。

Nigel Slater
Nigel Slater
the kitchen diaries III
Tender

ようこそ、私のキッチンへ
有元葉子
SENSATIONAL SALADS
鶏料理
ワイン、酒がおいしい nobuカジュアル
荒井隆宏のペルー料理
トラットリア ドンチッチョの極旨シチリア料理
日本の野菜レシピ
ニュー サラダブック
イタリアの地方料理
北島素幸のフランス料理
サンドイッチノート
サンドイッチの発想と組み立て
私のいちばん得意な料理、教えます
コンフィとリエット
Mangiamo a casa
調理法別フランス料理
辻調理師専門学校
家庭の低温調理
純喫茶とパンの本

I.
—
living

いただく
ささげる

黒文字を、爪楊枝のことだとわかる人は、今では少ないかもしれない。

黒文字とは、クスノキ科の落葉低木で、香水の原料となる爽やかな芳香を持つ木の名前だ。爪楊枝に最適とされ、爪楊枝＝黒文字と称されるようになった。

在りし日、茶人の家には必ず黒文字が庭に植えられていたという。来客がある日、亭主は必要なだけ黒文字の枝を切り、菓子をいただくための長い爪楊枝を、心をこめて人数分ていねいに手で削り出す。

黒い樹皮をほどよく残した持ち手と、菓子を分けたり刺したり、歯に触れたときの感触を思いやった刃を作った爪楊枝は、たっぷりの水に浸して置いておく。そして菓子を出す直前にさっと水から上げて、みずみずしさと香りを失わないように、布で包むようにおさえて水気を切り、菓子が盛られた器に添える。

なんて控えめで美しい心づくしなのだろう。日本のていねいなもの作りの真価がここにある。

私たち日本人は、もの作りだけでなく、暮らしそのものにおいて、「いただく」と「ささげる」という、ふたつの言葉を大切にして生きてきた。

「いただく」とは、山の頂を意味し、与えられたものは、大切な恵みとして、自分の頭よりも高いところに置くという感謝の心を表した言葉である。「ささげる」とは、いただいたものを、しっかりと自分の中に取り込んで、さらによりよいものとして生み出し、献上するというお返しを表したことばである。

いただいてささげる。この心持ちによって、何事においても、用の美といういのちを醸し出す工夫を尽くすのが、日本のもの作りの真骨頂と言えよう。そしてまた、その工夫を心から感得する、人の豊かな感性があり、日本のもの作り文化は、今日へと昇華されてきた。

I.
—
living

まずは落ち着こう

五十歳になった日の朝のことをふと思い出した。その日はいつもより早く目が覚めた。

窓の近くに置いた椅子に座ると、深いため息がひとつ出た。窓から見える少しずつ明けていく空をぼんやりと眺めた。

鼻から息を吸って、口から息をゆっくりと吐いた。「深呼吸を忘れるな。息を止めないように」。亡くなった父は、ぼくにいつもこう言っていた。幼い頃、「息なんて止めるわけないじゃん」と思っていたが、大人になるにつれ、父の言っていた意味がよくわかる。

生きるということはけっして楽ではない。楽でないとき人の呼吸は乱れる。呼吸が乱れると人は苦しくなる。けれども、呼吸を整えれば大抵のことはうまくい

Ben Shahn
Ben Shahn
Kennedy Galleries October 12th to November 2nd 1968

く。深呼吸は最良の薬というのが父の持論だった。

まずは「落ち着け」ということなのだ。

そんな父の言葉を思い出し、もう一度、深呼吸をした。そうだ、落ち着こう。

窓の外は、朝のまぶしい光に満ちていた。ぼくは新しい一日を嬉しく思った。

五十を過ぎると、疲れだけでなく、身体の衰えも感じるようになり、仕事や暮らしにおいて身の置き場のストレスもある。働き盛りというけれど、これからどうしようか？という迷いや、自分は何をしたいのか？という不安が波となって押し寄せてくる。そんなとき、知らぬ間に呼吸が乱れ、息が止まりそうになるから注意をしたい。

ぼくは、今朝も窓辺の椅子に座って、深呼吸をして、心地よく新しい一日を迎えている。

落ち着きとは、しあわせである。

Savarin
JASPER JOHNS
22 JANUARY 1978

II.
—
wear

松浦弥太郎の衣

II.
—
wear

ニューヨークで出合った
アメリカン・トラッド

18歳の夏、ニューヨーク・タイムズの三行広告欄で見つけた貸し部屋を電話で申し込んだら、今日からでも使っていいと持ち主は言った。

部屋は狭いが、アッパーウエストサイドというエリアで、一カ月450ドルという格安の家賃で、ぼくは住処を手に入れることができた。「クローゼットにボーイフレンドが置いていった洋服があるから、よかったらあげるわよ」と、部屋の持ち主の女性は言った。

クローゼットの中を見ると、ダンボール箱三個に、シャツやパンツ、ジャケットなどがきれいに畳まれて入っていた。コロンビア大学のロゴが入ったスエットシャツや、コーチジャケットもあった。

ダンボールの中の洋服を取り出してみた。マドラスチェックのボタンダウンシャ

72

ツが二枚。大学のロゴが入ったTシャツが四枚。オックスフォード生地の白のボタンダウンシャツが二枚。グレイのスエットシャツが二枚。ネイビーのコーチジャケットが一枚。細身のコットンパンツが、カーキとベージュ一本ずつ。青と黄色のラインが入ったスポーツソックスが六足。ネイビーのセーターが一枚。これがすべてだった。

当時のぼくは、古びたTシャツ数枚と、デニム二本しか洋服を持っていなかった。アッパーウエストサイドエリアの部屋と一緒に、アメリカン・トラッドなワードローブ一式がおまけについてきたことに、なんてラッキーだろうと喜んだ。

手に入れた洋服を、アパートの地下のランドリールームで洗濯して乾かすと、コットンのシャツやパンツの、ゴワっとした独特の風合いが、メイド・イン・アメリカの質実剛健さを物語っていた。

それらを素肌に着ると、今まで経験したことのなかった心地良さがあった。

Ⅱ.
—
wear

ピーターさんのダッフルコート

「冬はダッフルコートが一枚あればいいのさ」。カリフォルニアのウェスト・バークリーで、半世紀近く本屋を営んだピーターさんはつぶやいた。

店の名は「セレンディピティ・ブックス」。六十年代の平和運動の拠点にもなった伝説の本屋だ。

「歩きながら話そうか」。ピーターさんはこう言って、ぼくを店の外に誘った。つばが擦り切れたツイードのハンチングを被り、たっぷりとしたネイビーのダッフルコートを、ぶわっとマントのように羽織って、白いキャンバスのコンバースの靴の紐を結んだ。

「歩きながら話そう」。これは詩人のブローティガンの口癖だった。

「ブローディガンの詩の朗読会では、ドーナツを入場券にして、客はみんなドーナツを食べながら、彼の朗読を聞くんだ。最後に、彼は客にいつもこう言った。『さあ、あとは、歩きながら話そう』と」

ピーターさんは、青い空をときおり見上げて、古きよき日々の出来事を懐かしんだ。「こんなふうに君と話しながら街をぶらぶら歩くと、ブローティガンのことを思い出すよ」と言って、ダッフルコートの木のトグルを上まで留めた。

一歩一歩ゆっくりと歩くピーターさんの横を歩きながら、「ダッフルコートが好きなんですね」と言うと、「ポケットが大きいだろ。それがいいんだ。バッグを持たなくてもいいからね。ブランケットのようにあったかいし」とピーターさんは笑った。

ピーターさんの着古したダッフルコートの大きなポケットは、ドーナツが入った茶色い袋でふくらんでいた。

LONESOME TRAVELER
JACK KEROUAC

II.
—
wear

車と自分の身だしなみ

ロンドンのベルグレイヴィアに、「オールド・イングリッシュ・コーヒーハウス」というカフェがある。薄いトーストに焼いたベーコンとトマト、目玉焼きにベイクドビーンズという、イギリス式の朝食が楽しみだった。

四月のある朝、カフェで英国人の友人と待ち合わせをした。彼は父親から譲り受けた古いポルシェに乗って現れた。

ブラウンのボディが、ベルグレイヴィアの街並みに溶け込んで、映画のシーンのようにかっこよかった。

いつもはデニムにスニーカーというカジュアルなスタイルの友人だが、その日はブルーのシャツにガンクラブチェックのジャケット、グレーのフラノパンツ、モンクストラップの革靴という装いだった。

FRAY

「このあとにデートでも？」と聞くと、「いや、今日は車だからこの装いなんだ」と友人は答えた。

ポルシェを運転するときは、きちんとした身だしなみをするのが父との約束だと友人は言った。ふさわしい服装でないと、車から降りたときに、恥ずかしい思いをするというのが父の教えらしい。

「すてきな車が停まると、どんな人が降りてくるのだろうと人は見る。車を運転する日は、車と自分の身だしなみというのをきちんとコーディネートしたほうがいいんだ」と友人は言った。

その後、友人とベルグレイヴィアの街をのんびりと散歩したが、車が停まるたびにどんな人が降りてくるのか、その人がどんな身だしなみをしているのかをチェックせざるを得なかった。

英国人のセンスというか美意識が見てとれて、とてもよい学びとなった。

Giacomettiの靴, 1954

Ⅱ.
—
wear

ひとつから
はじめる

料理研究家のホルトハウス房子先生のご自宅に何度か伺ったことがある。料理道具や器だけでなく、室内の調度品など、あしらいの上質さというか、そのセンスのすばらしさにいつも驚かされる。

どこを見ても、高い審美眼で選ばれたひとつひとつの個性が美しい調和を生んでいて、その言葉にできない妙は心地よさを感じるくらいである。

ある日、「どうしたらこんなふうに美しく整うのでしょうか?」と聞いてみると、「何かひとつ、自分が好きだと思うものから考えるのです」と教えていただいた。「花瓶でもよし、絵でもよし、椅子でもよし。毎日、自分に感動を与えてくれるお気に入りを『ひとつ』見つける。それに合うもの、それと同等の価値のもので揃えていくと、どんなものであっても美しく整いますね。料理や着こなしも大切

なのは組み合わせです。一緒だと思いますよ」とおっしゃった。

目から鱗が落ちるとはこのことだった。美しさとは調和であり、その調和とは常に「ひとつ」からはじまる組み合わせである。

着こなしで考えてみる。自分にとっての「ひとつ」は何だろうと。思い浮かんだのは、リーバイスの「５０１」だった。

服を選ぶ時、その「５０１」に合うシャツは何か。合うジャケットは何か。合う腕時計は何か。合う靴は何か。合うバッグは何かと考えてみる。その結果、おのずとスタイルと秩序、美しく調和された着こなしが生まれていく。

「ひとつ」は、シャツやパンツ、靴、腕時計やアクセサリーでも良いだろう。毎日の自分にとっての定番と言える「ひとつ」を中心にして、その仲間たちを見つけていけばいい。いつだってほしいものはいくらでもあるが、そういう自分だけのルールがあれば、もの選びの迷いや失敗はなくなるし、考えるだけでも楽しくなる。

SMITHS
SMITHS

ホームスパンのジャケット

その土地に行かないと買えないものがある。その多くは、時を超えて守りつづけられた手仕事であり、テクノロジーでは成し得ない希少な文化遺産である。そんな買い物を目的とした旅を、これまでいくつもしてきた。

憧れの装いにホームスパンのジャケットがある。ホームスパンとは、染めた羊毛から糸を手で紡ぎ、手で織られた毛織物である。ツイードとの違いは、手織りか機械織りで、丹念に手で紡がれるホームスパンはその技術だけでなく、一着分の生地を作るのに膨大な時間と手間がかかる。

岩手県盛岡市の「蟻川工房」を訪ねた。「蟻川工房」は昭和中期から民藝運動に賛同し、日本にホームスパンを広めた貴重な工房だ。

ぼくは、縦糸が紺で、横糸が黒という「鉄紺」という名のヘリンボーンを三カ

月前にオーダーし、その仕上がりに立ち会った。一見、黒に見えるが、光の当たり具合によっては紺がきらきらと浮かび上がる上品な表情に大満足だった。工房の織り手職人、伊藤さんによって、ジャケット用に織られた生地は、幅80センチ×4メートル。縦糸3094メートル、横糸6000メートル。着れば着るほど艶が出て、美しくなるというホームスパンの出来たての手触りは、羊の身体を触っているかのような柔らかさと美しさに満ちていた。

盛岡の旅から持ち帰ったホームスパンの生地は、横浜山下町の「テーラーグランド」の長谷井さんの腕に委ね、フルオーダーのジャケット作りがはじまった。二カ月後に完成したジャケットは、想像以上のフィット感があり、品と風格に満ちたものだった。完成までの五カ月。この月日もひとつの旅のようだった。

ホームスパンのジャケットは宝物になった。贅沢な一着だが、臆せず普段着として愛用している。

7 OZ BLUE

Ⅲ.
一
food

松浦弥太郎の食

III.
—
food

おいしかった
おままごと

はじめて作った料理は何だったかと考えた。ちゃんとした料理で考えると、目玉焼きであるのは間違いないが、実を言うと、それより先に作ったものがある。

ぼくには二歳上の姉がいて、彼女が何かのお祝いで買ってもらった「ママレンジ」というおもちゃが家にあった。

「ママレンジ」とは、キッチンのガス台がそのまま小さくなったもので、電熱コンロの上に直径10センチほどのフライパンがひとつ載っていて、そこでホットケーキを焼けるという、子どもからすると夢のようなおもちゃだった。

ホットケーキの生地を作るところまでは、母に手伝ってもらった。スプーンのふちがフォークのようになっている専用のかきまぜ器のかたちをよく覚えている。

ぼくと姉は、直径5センチほどの小さなホットケーキを、生地がなくなるまでひ

たすら焼いた。フライ返しで上手に裏返すごとに、ぼくと姉は歓声を上げ、焼き上がったホットケーキは一枚一枚重ねて盛りつけた。そのおいしさといったらなかった。自分で作ったものを、自分で食べるおいしさを初めて知ったのはこの時だった。

当時は、料理というよりも遊びの一種であったが、遊びだけど、ほんものの料理が出来上がるというのが子ども心に驚きであり喜びだった。姉がいたからか、おままごとという遊びは、それこそ日々の定番だった。公園の砂場で、砂で作った団子をコロッケにして、落ち葉を野菜代わりにおかずにして、いっぱしの献立もどきを揃えて、「いただきます」「今日のコロッケはおいしいねえ」なんて、おもしろおかしく遊んだものだ。大げさなようだが、日々の「おままごと」という遊びの末に、今の自分がある。子どもの頃の遊びが、人を育むというのはほんとうだと思った。

今、大人になった自分を育んでくれる遊びは何かと考えた。もっともっと、遊ばないとだめだと思った。

Ⅲ.
—
food

味わいという
ひとときを

実家から持ってきた皿小鉢のうち、いちばん好きなのは白地に松の絵のあるごはん茶碗で、子どもの頃から自分用で使っていたものだ。

瀬戸物のことなど詳しくはないが、どこにでも売っているような器なのに、薄くて軽さがあり、おっとりとしたかたちが使いやすくて品も良い。

ときどき、ごはん茶碗に芋の煮ころがしやおひたしを入れたりするが、なんといっても、炊きたてのごはんを盛るのがいい。しばらく眺めていたい気持ちにもなる。

眺めるといえば、ごはんを食べ終えたとき、食卓の上に置かれた皿や小鉢をすぐに片付けてしまうのはつまらないと思っている。

食べ物がなくなった皿や小鉢を眺めたり、おしゃべりをしたり、ぼんやりしたり、食べたもののおいしさを思い返したりと、ごはんには余韻の楽しみというものが

あり、その余韻の時間もまた、ごはんの時間である。

この皿にこの料理は合うとか、ずっと使っている中での思い出に浸ったり、おいしさや料理のことを話したりするのは実に楽しいことで、少なくともお茶をゆっくりといただくくらいのひと手間はあってほしい。

こう言うと、味わうということがいかに大切であり、その味わうということは、うっかりすると失ってしまう怖さがあると気づいて肩をすくめたくなる。

特別なことが何も起きないのが日常であり、日々とは同じことの繰り返しのように思えるけれど実はそうではなく、同じことのように見えても、味わったり向き合ったりする心持ちさえ捨てなければ、季節の違いがあるように、その味わいは毎日違うものとしての楽しさが必ずある。

たとえばごはんのあとに、お茶を飲む。お茶を楽しむ。お茶を味わう。お茶をいただく。言葉のとおり、どれも違いがある。その選択は自分次第である。

Ⅲ.
—
food

母が育てる大根の葉

ひとり暮らしをしている母の家で洗い物をしていたら、陽当たりのいい窓辺のふちに手のひらくらいの大きさの小鉢が置かれていた。薄緑のきれいな大根の葉が伸びていた。

大根の葉は短く切り揃えられていて、ヘタからはかわいらしい新しい葉が生えていた。

懐かしいと思った。子どもの頃からわが家の台所では、いつもこんなふうに大根の葉が母の手によって育てられていた。

大根の葉は栄養があって、身体にもいいと母は言い、みそ汁に散らしたり、玉子焼きの具にしたりと、よく食べさせられた。ぼくは大根の葉が大好きだった。

「大根の葉っぱが元気によく育ってるね」と言うと、母は照れるような笑顔を見

せて、うんうんとうなずいた。

母からすれば、大根の葉を育てるのは、なんてことのない日々の習慣だろうが、そうそう簡単ではないことをぼくは知っている。

ヘタの切り方や水の量、水の取り換え方はコツがあるようで、育てるにちょうどいい小鉢が大事だと、以前、母から聞いたことがある。背中を丸めて、せっせと大根の葉の手入れをする母の姿が記憶に残っている。

都会暮らしにおいて、農家育ちの母にとっては、それが葉っぱ一枚であっても、自分の手で育てた野菜を家族に食べさせる喜びがあったのだろう。きっと。

「まったく貧乏ったらしいけれど、おいしいからね」と母は言い、伸びた大根の葉の先を指でつついてみせた。

いつしか、大根の葉を育てるためにちょうどいい小鉢を探している。小鉢からいきいきと伸びる大根の葉を育てたい自分がいる。

III.
—
food

ラベンダーのはちみつ

南仏のアルルから仕事の用事でお客が訪ねてきてくれた。仕事の話は五分もなく終わり、その後はアルルの暮らしの話で盛り上がった。というのは、十数年前に訪れたアルルの旅の思い出が、とてもすてきなものだったからだ。

エクス・アン・プロヴァンスは観光地として有名な町だが、その西にあるアルルはほんの小さな田舎町で、山と湿地と川に恵まれた自然豊かな土地だった。なんといってもそこにのんびりと暮らす人々とのふれあいがよかった。泊まったのは「シャンブル・ドット」という、個人宅の敷地内に立つ離れ形式の宿で、朝食付きだった。

その朝食が実においしくて感動的だった。決められた時間に母屋に行くと、そ

こに暮らす家族がぼくを待っていた。テーブルの上は焼きたてのパンやサラダ、ジャムやはちみつ、あつあつのスープ、玉子料理でぎっしり埋めつくされていた。そしていい匂い。

「私たちが食べているいつもの朝食だよ」とご主人は言った。二人いた子どもは競ってぼくにパンをすすめてくれた。とびきりおいしかったのは、ラベンダーのはちみつだった。あまりにおいしいので少し分けてくださいとお願いすると、申し訳ないけれど無理だと断られた。このはちみつは近くに住む人が、食べる分だけを毎日採ってきてくれているので、余分にはないという。なんと、そのくらいに新鮮なはちみつだからおいしかったのだ。そんな話をお客にすると、うんうんと深くうなずいて微笑んだ。

はちみつの味と香りが忘れられなくて、いつかまたアルルへ行きたいという思いが募っている。

Ⅲ.
—
food

どんな後味を作れるのか

何事も後味を大切にしている。

わかりやすいのは料理である。口に入れた途端に、それが何味だかすぐにわかる料理は、味つけが濃かったり、甘いとか辛いが立ちすぎていたりして、食べているときはおいしいけれど、食べ終わったあと、口の中にいつまでも何かの味が残っていて、すなわち後味がよくないということがある。

料理のおいしさとは、口に入れたときは、それが何味なのかわからないくらいの淡さがよくて、鼻や舌や喉の感覚を使って、自分のちからで味を探し、その味を見つけたときが、ほんとうの意味での「おいしい」ということであり、ほんとうにおいしいものというのは、食べたあとにおいしさがいつまでも残るもの、と教えてくれたのは、ホルトハウス房子さんだ。

たとえば、「とりあえず」と「じんわり」というように、おいしさに二種類があるとするならば、迷うことなく後者を選びたい。「とりあえず」より「じんわり」がいい。自分のためにも家族や友だちのためにも、そんな料理を作りたいし、それこそ、あとから味がじんわりと湧いてくるようなおいしい料理を目指したい。

一概には言えないけれど、それは料理する人の心持ちで変わるように思う。一口目からおいしいものを作ろうとするか、後味がよいものを作ろうとするかの違いである。または、空腹を満たすだけのものか、心を満たすものにするかの違いでもあるかもしれない。時間が経ってから、ふと、あの料理はほんとうにおいしかったなあ、うん、おいしかった、と何度もつぶやくような。

そう考えると、仕事も暮らしも人間関係についても、後味のよさは大切だと思う。自分のまごころを、いつまでも人の心に残せることができたら嬉しい。目先のことではなく、後味を与えられるような人にぼくはなりたい。

IV. — object

松浦弥太郎の道具

一一四——一一五

Ⅳ.
—
object

所有しないという
ゆたかな生き方

これからの時代におけるゆたかな生き方とは何か。それは、消耗品は別として、身の回りのもの、人、自然、環境などすべてに対し、所有しないという思想を持つことではなかろうか。

この世の存在で自分のものになるものはないという考えである。壊れたり、飽きたからといって、捨てようとどうしようと関係ないという、欲望と支配のサイクルからの別離である。

自分の手元にあるけれど、それはけっして自分のものではなく、この広い世界や継がれてきた文化や歴史から預かっているという意識を持つことである。お金を払って使わせてもらう謙虚さを身につけたい。であれば、入念に手入れをする。壊れぬよう、傷まぬように注意する。万が一、何かあったらていねいに修復をする。

ROLEX
OYSTER PERPETUAL
MILGAUSS
SUPERLATIVE CHRONOMETER
OFFICIALLY CERTIFIED

時とともに、より良くなるように扱い、接し、生かしていく。いつまでも。

お金を出して買ったのに自分のものにはならないことに矛盾を感じるだろう。けれども本来、人間というのは何も持たずに生まれてきている。持っていないことが至極自然と考えてはいかがだろうか。

一言で表すと、所有せずに「生かし合う」という関係性である。ペン一本でさえ、シャツ一枚でさえ、車や住宅、森や川、自然などすべてとも、「生かし合う」人生を自分なりに哲学することで、はじめてゆたかなライフスタイルが生まれるのである。そしてまた、何ひとつ自分のものにしないという清廉な生き方くらい自由で気楽なものはないと言いたい。ものの選び方も変わるだろう。信用と信頼も築けるだろう。

すてきなものほど、所有せずに大切に預かる精神で、すべてと生かし合える自分でありたい。

JACK KEROUAC
ON THE ROAD
Giacometti

Ⅳ.
—
object

もの選びの考え方

「書道とは空間芸術である。線を書くことによって、白い半紙の空間をどう使うのか。空間をどう美しくするのかが学びである」と、書道の師が話してくれたことを思い出す。

たしかにそうだ。どんなにうまい字を書いても、半紙が字で埋め尽くされては息苦しい。何はともあれ、ものがたくさんあるよりも、空間が広いほうが、今はゆたかさを感じる時代ではなかろうか。

当然もの選びが肝心になってくる。ものがあってこそ空間がふわりと生まれ、ものがなければ、味気ない空虚でしかないからだ。飾ることの美ではなく、日本人が備え持った、置くことの美がそこにはある。

ものはいつも同じ場所に置いて、佇まい静かな普通でいいものがいい。

FRED W.
SACO. MAINE
SATISFIED CUSTOMER IS OUR FIRST CONSIDERATION
2nd Ave. N.
Petersburg

普通でいいものとはどんなものか。思うにそれは、日々使うほどに古くなっていくのではなく、使うほどに美しさが生まれるようなもの。手作りにはこだわらないが、そこに人間の気配やぬくもりを感じ、壊れたり傷んだりしても、人の手で直せるもの。毎日使うマグカップや食器、椅子やテーブルといった家具、ペンやはさみといった文房具などが、そういう普通でいいものだったら、どんなに心地が良いだろう。

暮らしにおけるもの選びというのは、友だち作りに似ているかもしれない。人にもよるだろうけれど、友だちは多くはいらず、気が合う数人とじっくり付き合いたい。関係がぎくしゃくしてもていねいに修復し、常に相手を思いやりながら付き合うことで、互いに良さや魅力を知り合っていくようでありたい。

そうやって、身近なものときずなを少しずつ深めていくのは、暮らしにおけるしあわせのひとつだと思っている。

Ⅳ.
—
object

これでなければだめな友だちのようなもの

作家ヘミングウェイは大の釣り好きで、フライフィッシングを楽しみながらアメリカの川を旅したのは有名だ。

そんなヘミングウェイだが、ある日、心底気に入っていた英国ハーディー社の名竿フェアリーを含むコレクションすべてが盗難にあった。その失意のあまり、ヘミングウェイは以降、フライフィッシングをやめてしまったというエピソードをときどき思い出す。

同じような話がある。向田邦子がまだ22歳の頃、寒い冬のために気に入る手袋を探したが、どうしても見つからず、妥協して気に入らないものを身につけるくらいなら、その冬は手袋をしないほうがましだと言い、結局、彼女は手袋をしなかった。

釣り竿にしても手袋にしても、それがきちんと役目を果たすなら、「何でもいい」という意見もあるだろう。がまんの上での「何でもいい」ならまだしも、単なる「何でもいい」は人生を捨てるようなものに近い。

使うたびに感動し、眺めるだけでその美しさに喜び、対話するように楽しみ、そばにあるだけでしあわせを感じるものとの関係は、いつだって奇跡も起こしてくれる。

昨年の秋、愛用するライカを肩にぶら下げて日本橋を歩いていると、外国人の老人に声をかけられた。五十年前に使っていたカメラとレンズと同じなので懐かしいと言った。自分を撮ってくれないかというので喜んで街角に立つ老人の写真を撮った。別れ際に名前と住所を教えてくれたのだが名前を見て驚いた。九十歳にもなる世界的に有名なフランスの写真家だった。後に写真を郵送すると、クリスマスの日にお礼の返事と、署名入りのすばらしいオリジナルプリントが届いた。

Ⅳ.
—
object

スタイルは眼鏡から

古い眼鏡が好きで、外国を旅するたびに、アンティークショップを覗いてはあれこれと物色している。

中でも、五十年代から六十年代にイギリスやフランスの職人によって作られたセルフレームの眼鏡は、シンプルでありながら独特の質感とフォルムがあり、しかもクオリティが高いので、アートピースとして目利きの間で人気がある。

そんなある日、ビンテージ眼鏡を専門とする店で、若かりし頃の画家デイヴィッド・ホックニーや、建築家のフィリップ・ジョンソンが愛用した、黒フレームにストレートのテンプルが特徴の丸眼鏡と出合った。六十年代製だ。眼鏡コレクターにとって最高峰として知られる逸品だ。しかも未使用のコンディションだ。値段を聞いてみると、ビスポーク（フルオーダーメイド）のスーツ一着を軽く超えるほ

どでたじろいだ。希少性は博物館レベルだから当然だろう。手が届かないとため息をついた。しかし、この機会を逃してしまったら二度と出合えないだろう。置いて眺めてみると、いつまでも見ていたいと思わせるその造形美にほれぼれとした。ちょっと奇抜ではあるけれど、齢五十を過ぎたこれからの人生において、この眼鏡を自分のスタイルに取り入れてみたらどうだろうと考えた。まさに、フィリップ・ジョンソンのスーツスタイルをお手本にすればいい。歳をとればとるほどに似合いそうだ。そう思いはじめたら買わない理由が消えていった。思い切って虎の子をはたいて購入を決めた。

この眼鏡を中心にして、着るものや身につけるものをスタイリングしていけば、ちょっと楽しいかもしれない。「どうしたの？ そんな眼鏡かけて」と、周りから言われそうだが、「存在することは変化すること。変化することは成熟すること」というフランスの哲学者アンリ・ベルクソンの名言で笑い飛ばしていきたい。

IV.
—
object

ていねいとは感謝すること

「ていねいってなあに？」と祖母に聞いた。すると祖母はこう答えた。

「ていねいというのは、ゆっくりやることでもなく、慎重にやることでもなく、ありがとう、という感謝を表すこと。心の中で、いつもありがとうございます、って思うこと。たとえば、手を洗うときは、自分の手に、いつもよく働いてくれてありがとうね、って思いながら洗うのよ。よかったことだけでなく、嫌なことなど、どんなものにも、どんなことにも、ありがとう。その表れがていねいということ」

料理を作る、掃除をする、洗濯をする、今日、何が起きたかを知る、買い物をする、本を読み、人とふれあい、仕事をする。そのひとつひとつをていねいに。今日も明日も、と祖母は言った。

庭には枝が長く垂れた大きな柳の木があった。祖母は柳の木をとても大切にし

ていた。祖母の家に泊まった日、人が目を覚ます前に、柳の木から聞こえる小鳥の美しいさえずりを今でも覚えている。

祖母は庭を愛し、庭から愛されていた。愛すれば、愛される。このことをぼくは祖母から学んだ。

草木や花、土や石、生き物、道具、家や調度品など、私たちの身の回りに存在する「もの言わぬもの」とどう接し、どう対話していくのか。

そういった、もの言わぬものの中に心を見、もの言わぬものに寄せる愛にこそ、儚くも安らかなこれからの美しい暮らしがある。

自分は何を愛しているのか、何から愛されているのか。暮らしそのものを丹念に見つめ直したい今、それればかりを考えている。

祖母の家はもうないが、柳の木は長い枝を垂らしてまだ残っている。

V.

一

travel

松浦弥太郎の旅

一四二――一四三

V.

—

travel

早起きは三文の徳

旅の楽しみに早朝のランニングがある。

スタートはいつも日の出の時刻に合わせて、およそ一時間たっぷりと走る。早朝の街は空気が澄んで、まばゆい朝陽が建物や道路を美しく照らしている。地図は持たずに、気が向くままさまようように走るのがいい。

右も左もわからない外国の街だから、当然、道に迷うだろうが心配はいらない。迷うほどに予期せぬ出合いがあるからだ。

パンを焼くおいしそうな匂いがするベーカリーやカフェといった朝食がおいしい店に出くわしたり、絵に描いたようにきれいな花壇がある庭やすてきな家を見つけたり、街が一望できる丘にたどり着いたり、目を見張るような美しい景色に驚いたりと、早朝のランニングは旅の醍醐味に溢れている。

ランニングは街の散策にもなって、こっちに行けばこれがあり、あっちに行けばあれがあると自然と土地勘がつくのも嬉しいことだ。

さらに言えば、ランニングウエアを身につけていると、きょろきょろしながら街のどこを走っていても、旅行者と思われず安全なので気が楽で、ランニング用のシューズを履いているから、足の疲れも心配ない。

ニューヨークのイーストヴィレッジやブルックリン。パリのオベルカンフやシテ島。ロンドンのブリックレーンやポートベローなど、早朝ランニングで見つけた自分だけのお気に入りスポットはたくさんある。ランニング後に地図で復習をするのもおまけの楽しみだ。

同じ時間にランニングをすれば、毎朝、顔を合わせる人もできて、にっこり笑って「おはよう」と挨拶できるのも嬉しい習慣だ。

旅先こそ、早起きは三文の徳だと言えよう。

V.
—
travel

散歩という旅の習慣

毎日、夕食のあと、散歩に出かけるのが習慣となっている。

散歩は運動のためにもなっているが、それよりも今日一日使った頭と心の整理のためと言っていいだろう。旅行に出かけると気分をリフレッシュできるというけれど、それに近いような気もする。毎日一時間あまりの旅行に出かけていると思うと、それはそれで楽しい気持ちになってくる。

今日あった嬉しかったこと、楽しかったこと、良かったことをぼんやりと思い出しながら、いつもの道を歩く。つらかったことや悲しかったこと、傷ついたこと、どうしたらよいかわからないことなども歩きながら、それらはすべてこれから先の自分に必要な学びであると肯定し、ひとつひとつ現実として向き合い、まっすぐに受け入れていく。

How Lucky Can You Get!
MORE WINNERS EVERY DAY
TROPWORLD

718-948-3945
H.V.A.C.
HOT WATER HEATERS
HIGH PRESSURE ST AM • GAS BOILERS
24 hr.
ROTO ROOTER SERVICE
OIL BURNER
Repair

LITTLE RED BOOK
latest
COMPLETE
STREET GUIDE
TO
NEW YORK
MANHATTAN & BRONX
with detailed map

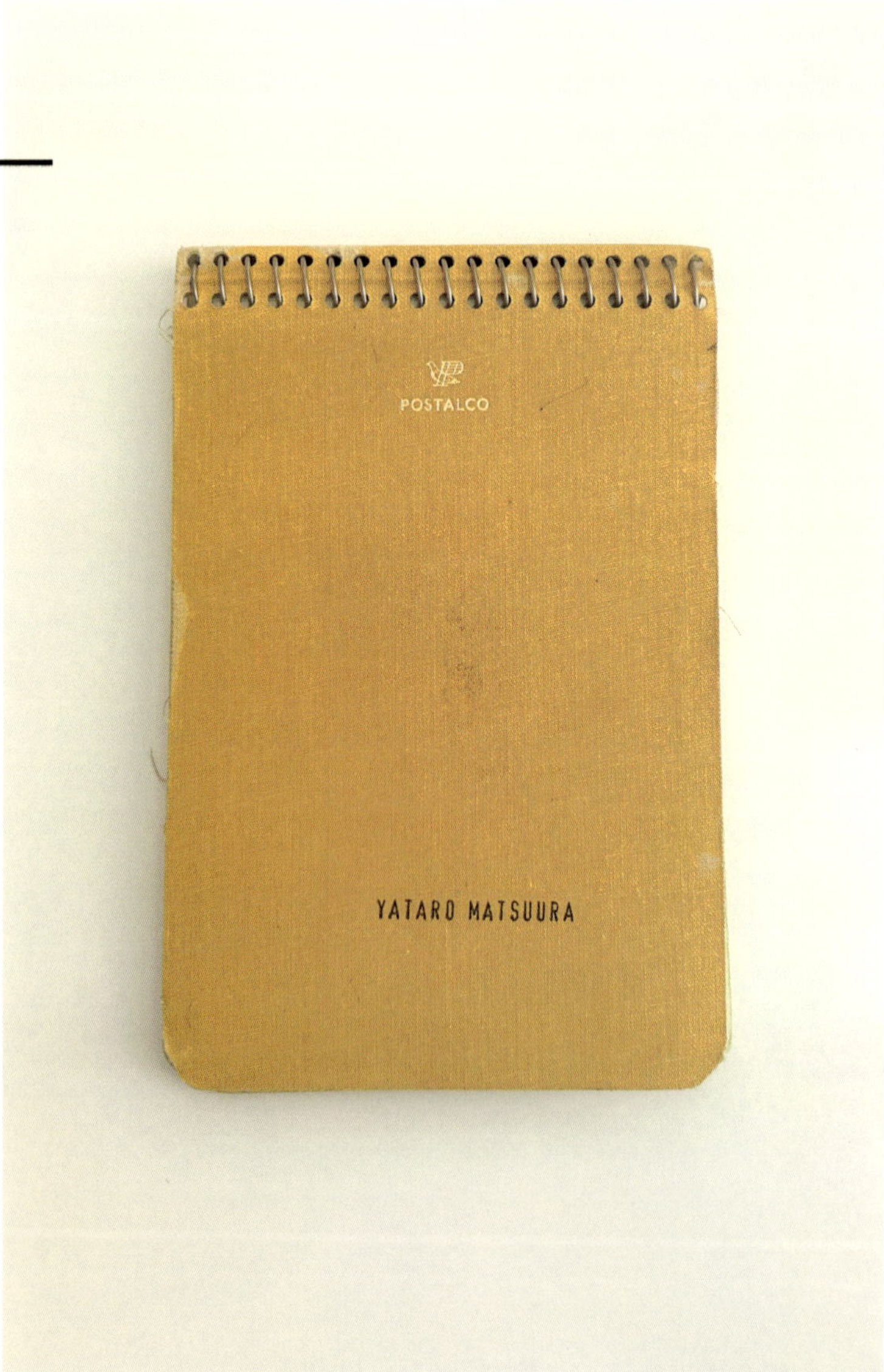
POSTALCO
YATARO MATSUURA

一歩一歩受け入れて、ひとつひとつ感謝に変えていく、そういう一日の振り返りをしながら、新しい気持ちで明日を迎える自分に整えていく。むつかしいときもあるけれど、基本はすべてを肯定し、すべてにありがとうと思う心持ちで一日を終わらせたいのだ。

日々というのは、心から味わうこと、すなわち向き合うことであり、その中から小さなしあわせをひとつひとつ数えることではないかと思っている。

母から教わっていちばん大切にしていることばがある。それは「この世でいちばん美しいもの、それは人の笑顔」。小さい自分がこのことばを聞いたとき、この世でいちばん美しいものは手の届かない遠いところにあるのではなく、自分の中にあることに驚いた。

このことばは、生きるとか、暮らすとか、人生とか、日々とか、そういうことばをあたたかく照らしてくれる明かりにもなっている。

V.
—
travel

老人と漢詩
自由とは何か

冬の到来が楽しみだったのは、岩手県花巻市の大沢温泉での湯治があったからだ。暮れの休みに一年の疲れを温泉に浸かってゆっくり癒やすという小さなぜいたくと、ここで知り合ったある人と会うためだった。

大沢温泉には昔ながらの自炊部があり、食事を自炊しながら、いくつもある湯を楽しんで、のんびり過ごすのが何よりの至福だった。

ある日、台所で一緒になった小柄で痩せた老人との出会いがあった。

老人はめざしを焼いて、おみおつけを作り、持参した梅干しで朝めしを食べていた。おみおつけの具は大きく切ったたまねぎだった。

「おいしそうですね」と言葉をかけると、「一杯よそいましょう」と老人は腰を上げて、湯気の上がったおみおつけを、お椀にたっぷりとよそってぼくに渡した。

「毎年、十日ほど大沢温泉に来るんです。めざしと梅干しでめしを食べて、温泉に浸かって、ぼんやりと景色を眺めています」と言って老人は微笑んだ。

ある日、宿にあった漢詩の本をぼくが読んでいると、「漢詩は好きですか」と老人が聞いてきた。得意ではないが好きだと答えると、「漢詩を読むことは、あなたの人生を助けますよ」と老人は言った。このときに老人から教わった李煜《りいく》という名高い詩人が残した漢詩は今でも覚えている。

ある雪の降る朝、一台のリムジンが迎えにやってきた。それに乗り込んだカシミヤのニットにジャケットを羽織った老人の別人ぶりに僕は驚かされ、こんなすてきな大人がいるんだとため息をついた。

「漢詩とは芸術のひとつではあるけれど、結局、自由とは何かを考えることなのかもしれませんね」と老人は言っていた。

そんな憧れの老人だが、素性がわからないまま何年も経ち、今はもういない。

V.
—
travel

父からのプレゼント

十年前のある日、父からふたりで旅行に行かないかと誘われた。ちょうど父の日のプレゼントを悩んでいたのと、仕事に一区切りついたタイミングだったので、プレゼント代わりに旅の手配をした。

父のリクエストはハワイ島のヒロだった。理由を聞くと古い友人に会いたいと言った。父は若い頃、仕事で一年ほどヒロに滞在したことがあるらしく、その時に世話になった人や友人がたくさんいると言った。

丘の上に立つこぎれいな民宿に荷を解き、レンタカーで街を巡ると、「五十年前とほぼ変わらないなあ」と父は目を細めた。

記憶をたどって一軒の理髪店を訪れ、そこにいた初老の男性に父が声をかけると、男性は父を見るなり驚いて、顔をくしゃくしゃにしながら父に抱きついた。

男性はシゲさんといい、いちばん仲が良かった友人だと父から紹介をされた。シゲさんはすぐにいろいろなところに電話をして、父の訪問を知人に知らせた。父とシゲさんが昔話に花を咲かせていると、次々と父と交流のあった人たちが集まり、その人数は二十人ほどになった。みな、父を両手で抱きしめて再会を喜び、父も青年の頃に戻ったような笑顔を見せた。

ヒロには一週間滞在し、毎日のように父は古い友人と会い、ホノカアなど思い出の地を訪ねた。海を眺めながら当時の話を聞き、父と人生観を語り合う旅にもなった。

「友だちに会ってもらいたかったんだ」と父はぼくに言った。父は自分という人間がどんな人間なのかをぼくに知ってもらいたかったのだろうと思った。

父の日に贈った旅というプレゼントは、逆に父から最高のプレゼントをもらった忘れられない思い出となった。

YOUNG
BUILDING
ONE WAY
SNORKEL-RENTAL-KAYAKS
SUN AND SEA
Hawaii

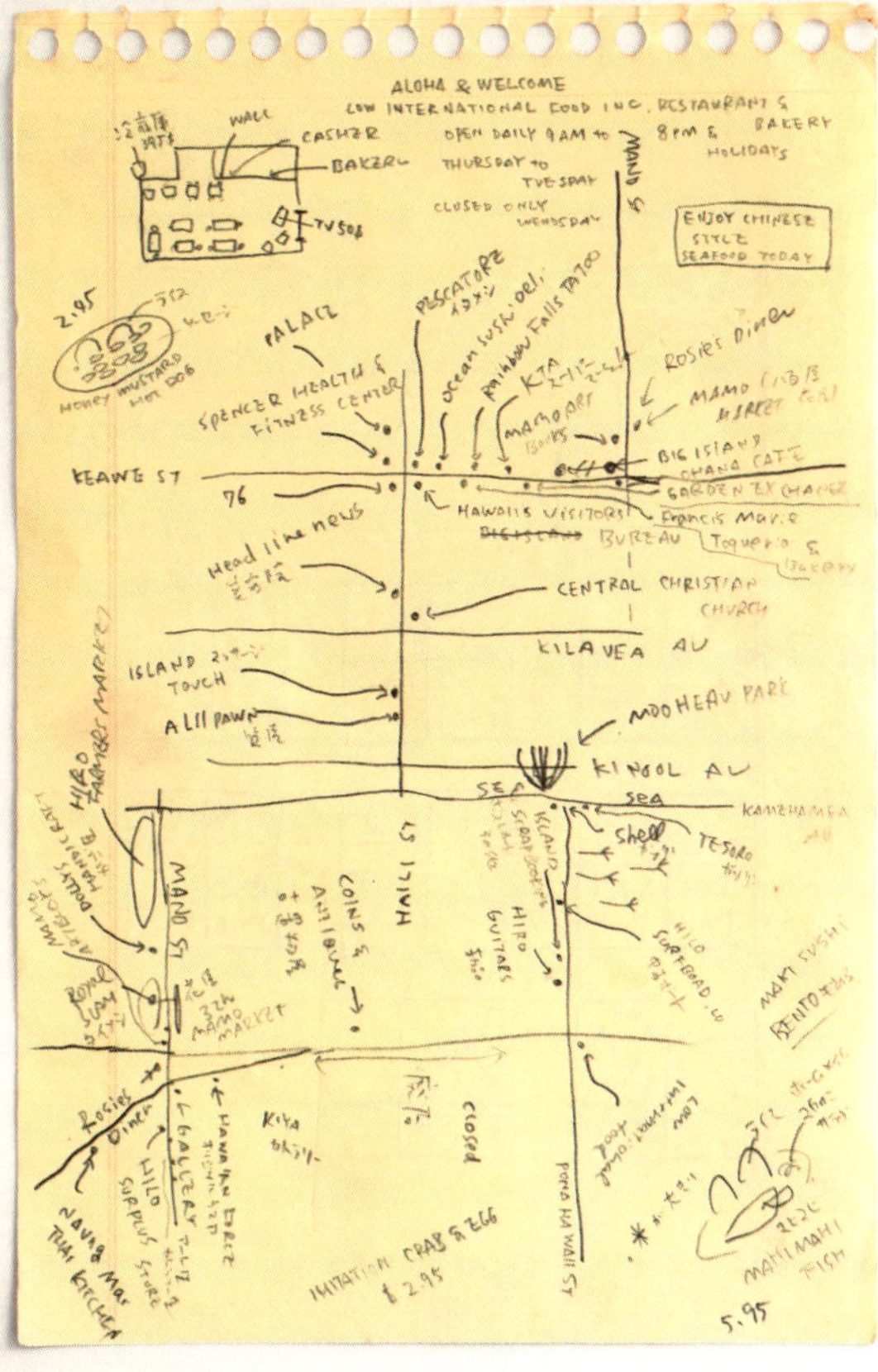
ALOHA & WELCOME
LOW INTERNATIONAL FOOD INC. RESTAURANT & BAKERY
OPEN DAILY 9AM to 8PM & HOLIDAYS
THURSDAY to TUESDAY
CLOSED ONLY WENDSDAY
ENJOY CHINESE STYLE SEAFOOD TODAY
WALL
CASHER
BAKERY
2.95
HONEY MUSTARD HOT DOG
PALACE
PESCATORE
SPENCER HEALTH & FITNESS CENTER
ROSIES DINER
BIG ISLAND OHANA CAFE
KEAWE ST
76
HAWAII'S VISITORS BUREAU
Head line news
CENTRAL CHRISTIAN CHURCH
KILAUEA AV
ISLAND TOUCH
MOOHEAU PARK
SEA
KAMEHAMEHA AV
HILO FARMERS MARKET
MAMO ST
HAILI ST
COINS & ANTIQUE
HIRO GUITARS
Shell
TESORO
MAKI SUSHI
MAMO MARKET
Rosies Diner
closed
HILO SURPLUS STORE
THAI KITCHEN
IMITATION CRAB & EGG
$2.95
MAHIMAHI FISH
5.95

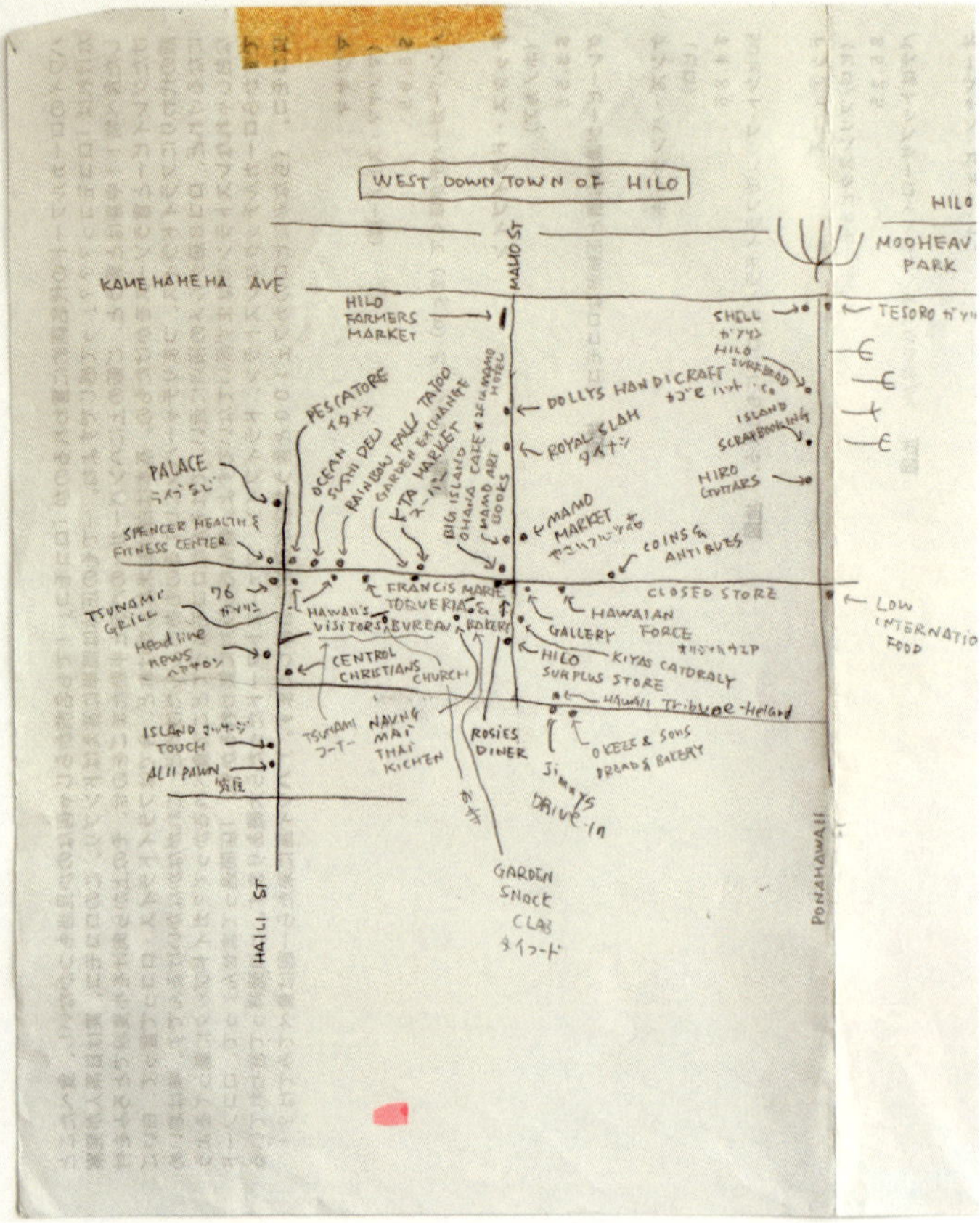
WEST DOWNTOWN OF HILO
HILO
PARK
KAMEHAMEHA AVE
MAMO ST
HILO FARMERS MARKET
SHELL ガソリン
TESORO
DOLLYS HANDICRAFT
ISLAND SCRAPBOOKING
HIRO GUITARS
PESCATORE
PALACE
OCEAN SUSHI DELI
RAINBOW FALL TATOO
GARDEN EXCHANGE
KTA MARKET
スーパー
MAMO ARS BOOKS
MAMO MARKET
COINS & ANTIBUES
SPENCER HEALTH & FITNESS CENTER
76 ガソリン
FRANCIS MARIE
BAKERY
CLOSED STORE
HAWAIAN FORCE
GALLERY
LOW INTERNATIO FOOD
TSUNAMI GRILL
HAWAII'S VISITORS BUREAU
Head line news
CENTROL CHRISTIANS CHURCH
HILO SURPLUS STORE
HAWAII Tribune-Herald
ISLAND TOUCH
ALII PAWN
質屋
TSUNAMI
コーヒー
THAI KICHEN
ROSIES DINER
OKEZE & SONS BREAD & BAKERY
JIMMYS DRIVE-IN
GARDEN SNOCK CLAB
HAILI ST
PONAHAWAII

V.
—
travel

自分を見つめるために

ひと昔前、「草鞋を履く」という言葉は、旅に出かけるという意味で使われ、旅を終えることを「草鞋を脱ぐ」と言った。

江戸時代の人々は、紐で足首に固定し、かかとまでしっかりと包んだ草鞋を履いて、一日三十キロほどを歩き、その道中で出合う景色や出来事を楽しんだ。ぼくにもそんな草鞋を履いた思い出がある。

十五年ほど前、アメリカ、カリフォルニア東部のシエラネバダ山脈を貫く、世界一美しい道と言われるジョン・ミューア・トレイルを歩いた。この旅で最も必要なものは何か。それは丈夫で歩きやすい登山靴だった。

サンフランシスコ郊外で足型から靴作りをしている、古くからの友人フランクを思い出した。彼ならこの旅を支えてくれる靴を作ってくれるに違いない。早速、

彼の工房を訪れた。靴の足型作りは、時間もかかり特別だった。膝下からの筋肉のつき具合を丹念に調べ、足部分については、これ以上ないくらいに緻密な採寸を行い、これ以上ない最適な登山靴を手に入れることができた。

とはいえ、登山初心者のぼくにとって山歩きはつらかった。つらいのになぜ歩くのか。そればかりを考えながら毎日歩いた。つらいと思いながら歩くくらい、ほんとうにつらいものはない。それは人生と一緒だ。しかし、つらければつらいほどに、出合える美しい景色が必ずあるというのが、とても人生的で、この旅で学んだことは、一歩前に進めば、いつかどこかに着く。美しい景色が見たければ、そのつらさを乗り越えろ、ということだった。

昔から今も、人は自分を見つめるために旅に出るのかもしれない。旅に出て、きっと歩くのだろうと思った。

旅と人生はほんとうに似ている。

The Books
The Bookstore was begun in this book
was gathered six years ago....
The Books
Books you don't need in a place you can't find.
Yataro Matsuura

おわりに ―― P.S.

自分自身のきほんとは何か。

それは自分の心を動かした出来事だったり、出会いや学び、
失敗や苦しみ、喜びや楽しみという、
とても些細で小さな時間、もしくは瞬間の集まりのように思えます。

中にはもう忘れてしまっていることもあるかもしれません。
きっと心の奥底にしまいこんでいることもあるでしょう。

そういう自分自身のきほんであろうと思うひとつひとつを、
大好きな人にあてた手紙のように、ぽつりぽつりと語るように、
ことばにして書いてみました。

写真もたくさん載せました。
文章を読むように、写真も読んでもらえたら嬉しいです。

出来上がった本は、アルバムのようだなと思いました。
ゆったりとした気持ちで、
ページを行ったり来たりさせながら読んでください。

そして、
あなた自身も自分のきほんとは何かを知るために、

自分なら何を思い出し、何を考え、何を書くのだろうか、
いつのどんな写真を選ぶのだろうかと、
あれこれと思いふけってみてください。

自分自身のきほんにふれることは、
若い人は、若い人なりに、
歳をとった人は、歳をとった人なりに、
これからの人生において、
そのきほんは、
成長と変化のちからになってくれるでしょう。

最初、この本は、
松浦弥太郎による松浦弥太郎論とでもいいましょうか。
松浦弥太郎という人間が、
どんな人間なのかを知るための一冊としてスタートしました。

その先にある新しい世界に旅立つために。

松浦弥太郎

松浦弥太郎◉まつうら・やたろう

—

エッセイスト。2002年セレクトブック書店の先駆けとなる「COW BOOKS」を中目黒にオープン。2005年からの9年間『暮しの手帖』編集長を務める。その後、IT業界に転じ、㈱おいしい健康取締役就任。2016年より公益財団法人東京子ども図書館役員も務める。ほかに、ユニクロの「LifeWear Story 100」責任編集。『DEAN & DELUCA MAGAZINE』編集長。映画『場所はいつも旅先だった』監督作品。著書に『今日もていねいに』(PHPエディターズ)、『しごとのきほん くらしのきほん100』(マガジンハウス)、『エッセイストのように生きる』(光文社)など、多数。「正直、親切、笑顔、今日もていねいに」を信条とし、暮らしや仕事における、楽しさやゆたかさ、学びについての執筆や活動を続ける。

松浦弥太郎のきほん

発行日　2024年9月18日　初版第1刷発行

著者　松浦弥太郎

発行者　秋尾弘史
発行所　株式会社 扶桑社
〒105-8070
東京都港区海岸1-2-20 汐留ビルディング
電話　03-5843-8583（編集）
03-5843-8143（メールセンター）
www.fusosha.co.jp

印刷・製本　TOPPAN株式会社

校正　共同制作社
編集　櫂渕美紀

ISBN978-4-594-09721-9

Notes